MARINE ET COLONIES

DÉPÔT DES CARTES ET PLANS

RECUEIL RÉGLEMENTAIRE

DES

CARTES ET DOCUMENTS

NAUTIQUES

A DÉLIVRER

AUX BATIMENTS DE LA MARINE IMPÉRIALE

DEUXIÈME CATÉGORIE

DIVISION DU LITTORAL NORD DE FRANCE

PARIS

TYPOGRAPHIE DE FIRMIN DIDOT FRÈRES

IMPRIMEURS DE L'INSTITUT ET DE LA MARINE

rue Jacob, 56

1865

MARINE ET COLONIES.

Dépôt des Cartes et Plans.

RECUEIL RÉGLEMENTAIRE

DES

CARTES ET DOCUMENTS NAUTIQUES

A DÉLIVRER

AUX BATIMENTS DE LA MARINE IMPÉRIALE.

DEUXIÈME CATÉGORIE

DIVISION DU LITTORAL NORD DE FRANCE.

Le Recueil réglementaire a été révisé par une commission composée de MM. Villemain et Périgot, capitaines de vaisseau, et Gaussin, ingénieur hydrographe de 1re classe, chargé du service des Cartes.

Pour faciliter les recherches, les Cartes ont été classées par sections comprenant vingt numéros environ, et répondant toujours à des divisions géographiques. Autant que possible les sections correspondant aux mêmes parages ont reçu la même composition, quelle que fût la catégorie à laquelle elles devaient appartenir.

Ces sections seront renfermées dans des chemises en papier collé sur toile. Les chemises numérotées de 1 à 190 constituent donc une unité intermédiaire entre la carte et le recueil.

Les chemises seront en outre délivrées dans les caisses en bois déjà réglementaires.

Les dates des corrections essentielles sont inscrites dans ce recueil et dans les suppléments trimestriels en caractères droits, celles des corrections secondaires en caractères italiques.

La lettre F désigne les cartes françaises, et la lettre A les cartes anglaises.

EXTRAITS

DU

RÈGLEMENT SUR LE SERVICE DES CARTES

ET DES

DÉPÈCHES MINISTÉRIELLES Y RELATIVES.

Le service des cartes est centralisé au Dépôt de la Marine.

L'ingénieur chargé du service des cartes veille à l'approvisionnement du Dépôt, des majorités et des stations, au retrait des cartes supprimées et à leur remplacement.

L'approvisionnement de l'escadre d'évolutions se fera par les soins du port de Toulon. Il ne sera point fait d'expédition à la station d'Islande.

Les expéditions aux stations se feront tous les six mois.

Elles seront adressées collectivement au commandant de la division ou de la station.

Le Directeur général du Dépôt de la Marine et les commandants de divisions navales ou de stations sont autorisés à correspondre entre eux pour ce qui concerne l'approvisionnement des bâtiments en cartes et documents nautiques. (Dép. du 9 janvier 1864.)

Les officiers chargés du service des cartes et l'ingénieur chargé de contrôler le service correspondent entre eux, par l'intermédiaire du Préfet maritime et du Directeur général du Dépôt, pour tous les renseignements qui peuvent intéresser le service.

Les dates des corrections essentielles sont gravées en dehors du cadre en caractères droits. Toute indication de cette nature entraîne la suppression des exemplaires antérieurs.

Les dates des corrections moins importantes sont inscrites en petits caractères italiques dans le coin droit inférieur du cadre. Les exemplaires qui ne portent pas la date des corrections peu importantes ne seront pas lacérés. Suivant le cas, ils seront corrigés à la main dans les ports et à bord des bâtiments, ou seront renvoyés au Dépôt.

En même temps que s'effectuera la correction à la main, la date de la correction sera inscrite sur la carte.

Les dates des corrections importantes faites sur les cartes anglaises seront portées, autant que possible, à la connaissance des officiers des archives et des commandants par les soins du service central. Les exemplaires antérieurs des cartes seront lacérés dès qu'ils auront été remplacés.

Les officiers des archives sont chargés de tout ce qui est relatif à l'approvisionnement de la majorité, à la délivrance des cartes aux bâtiments de la flotte, à leur remise et à leur examen au retour de campagne; ils devront les corriger ou les faire lacérer suivant le cas.

Ils adressent tous les trois mois, au service central, un état des existants, des mouvements trimestriels et des quantités qui leur seraient nécessaires. Ils font connaître dans cet état la date des éditions qu'ils possèdent.

Eu égard aux corrections incessantes apportées aux cartes, tant françaises qu'anglaises, les officiers des archives sont invités à réduire les demandes autant que possible.

Il sera publié tous les trois mois, par les soins du service central, un supplément trimestriel au recueil réglementaire, faisant connaître les additions, les suppressions et les corrections.

Il est fait une distinction entre les cartes supprimées et les cartes rayées.

Les cartes supprimées doivent être lacérées comme dangereuses.

Les cartes rayées sont celles pour lesquelles il n'y a plus d'utilité de les laisser figurer au recueil, par exemple les cartes anglaises nouvellement traduites. Les cartes rayées peuvent être délivrées aux bâtiments jusqu'à ce que l'approvisionnement en soit épuisé.

DEUXIÈME CATÉGORIE

DIVISION DU LITTORAL NORD DE FRANCE.

TABLE DES MATIÈRES.

CHEMISES.

OUVRAGES.

CHEMISE N° 1.

Cartes générales du globe
et Cartes d'atterrages des côtes d'Europe.

<table>
<tr><td>Numéros
des Cartes.</td><td></td><td>Dates
des corrections.</td></tr>
<tr><td>F. 818.</td><td>Carte hydrographique des parties connues de la terre.</td><td></td></tr>
<tr><td>F. 1425.
F. 1426.
F. 1427.
F. 1428.</td><td>Mappemonde hydrographique...........</td><td></td></tr>
<tr><td>F 1729.</td><td>Méridiens et parallèles magnétiques du globe (projection de Mercator)...............</td><td></td></tr>
<tr><td>F. 1730.</td><td>Méridiens et parallèles magnétiques du globe (projection polaire)................</td><td></td></tr>
<tr><td>F. 1464.</td><td>Océan Atlantique arctique............</td><td></td></tr>
<tr><td>F. 1465.</td><td>Océan Atlantique septentrional...........</td><td>1861</td></tr>
<tr><td>F. 1466.</td><td>Océan Atlantique méridional............</td><td>1863</td></tr>
<tr><td>F. 863.</td><td>Mer des Indes................</td><td>1862</td></tr>
<tr><td>E. 1264.</td><td>Océan Pacifique..............</td><td></td></tr>
<tr><td>F. 1186.</td><td>Mer Méditerranée, bassin Ouest..........</td><td></td></tr>
<tr><td>F. 1265.</td><td>Mer Méditerranée, bassin Est..........</td><td></td></tr>
<tr><td>F. 1967.</td><td>Mer du Nord, partie septentrionale........</td><td>1863</td></tr>
<tr><td>F. 1760.</td><td>Mer du Nord, partie méridionale.........</td><td>1863</td></tr>
<tr><td>F. 1961.</td><td>Atterrages des côtes N. O. de Iles Britanniques...</td><td>1864</td></tr>
<tr><td>F. 1304.</td><td>Mer d'Irlande................</td><td>1863</td></tr>
<tr><td>F. 2173.</td><td>Carte de la navigation entre la mer du Nord et la Méditerranée................</td><td></td></tr>
<tr><td>F. 2169.</td><td>La Manche................</td><td></td></tr>
<tr><td>F. 2170.</td><td>Sondes à l'Ouest de la Manche..........</td><td></td></tr>
<tr><td>F. 1138.</td><td>Atterrages des côtes Ouest de France et des côtes Nord d'Espagne................</td><td>1863</td></tr>
<tr><td>F. 87.</td><td>Atterrages des côtes Ouest de France, d'Ouessant à l'île d'Yeu................</td><td></td></tr>
<tr><td>F. 88.</td><td>Atterrages des côtes Ouest de France et des côtes Nord d'Espagne, de l'île d'Yeu au cap Finistère......</td><td></td></tr>
</table>

CHEMISE N° 2.

Routes, Vents et Courants.

<table>
<tr><td>Numéros
des Cartes.</td><td></td><td>Dates
des corrections.</td></tr>
</table>

F. 1603. Carte des vents généraux dans l'océan Indien. . . . .

F. 1604. Carte des courants généraux dans l'océan Indien. . .

F. 1605. Carte des routes dans l'océan Indien. . . . .

F. 1606. Carte des vents généraux dans l'océan Atlantique. . .

F. 1607. Carte des courants généraux dans l'océan Atlantique.

F. 1608. Carte des routes dans l'océan Atlantique.. . . . . .

F. 1609. Carte des vents généraux dans l'océan Pacifique. . .

F. 1610. Carte des courants généraux dans l'océan Pacifique. .

F. 1611. Carte des routes dans l'océan Pacifique.. . . . . .

F. 1612. Carte des vents généraux dans la mer des Antilles et le golfe du Mexique.. . . . .

F. 1613. Carte des courants généraux dans la mer des Antilles et le golfe du Mexique . . . .

F. 1614. Carte des routes dans la mer des Antilles et le golfe du Mexique . . . .

F. 888. Courants de marée dans la Manche et la partie Sud de la mer du Nord.. . . . .

F. 1498. Routier-compteur des courants dans la Manche et la mer du Nord. . . . .

La collection complète des cartes du *Board of trade*, traduites en français. . . . .

Les *Pilot Charts*, de Maury, suivant la nature de la campagne, d'après les indications de l'arrêté sur le service météorologique, en date du 16 février 1859.

(Les *Pilot Charts* seront délivrées tant que l'approvisionnement n'en sera pas épuisé.)

CHEMISE N° 14.

Côtes septentrionales de France, de la frontière de Belgique à Fécamp.

CHEMISE N° 15.

Côtes septentrionales de France, de Fécamp à Barfleur.

Numeros des Cartes.			Dates des corrections.
F.	945.	De Saint-Valéry en Caux à Dives	
F.	931.	De Conteville au cap d'Antifer.	
F.	932.	Fécamp et ses environs.	
F.	930.	D'Étretat au Havre.	
F.	1529.	Embouchure de la Seine.	
F.	1481.	Environs du Havre.	
F.	2088.	Embouchure de la Seine.	
F.	2064.	Environs du Havre.	
F.	949.	Cours de la Seine depuis le Trait jusqu'à Honfleur. .	
F.	944.	Du cap de la Hève à Barfleur.	
F.	890.	De Dives à Langrune.	1861
F.	891.	Rade de Caen et entrée de l'Orne.	1861
F.	868.	De Langrune à Fontenailles; plateau du Calvados. .	
F.	869.	Port de Courseulles et ses environs.	
F.	867.	De Fontenailles à Grand-Camp; pointe et raz de la Percée.	
F.	847.	De Grand-Camp à Barfleur; rade de la Hougue. . .	
F.	849.	Rade de la Hougue.	

CHEMISE N° 16.

Côtes septentrionales de France, de Barfleur au cap Fréhel.

CHEMISE N° 17.

Iles Aurigny, Guernesey et Jersey.

Numéros des Cartes.			Dates des corrections.
F.	878.	De Barfleur à l'île Bréhat.	
		(Pour mémoire. Voy. la chemise n° 16.)	
A.	60.	Alderney and Caskets. — Plans in Guernesey, Jersey and Sercq.	
A.	2845.	Braye Harbour.	
A.	262 a.		
A.	262 b.	Guernesey, Serk and Herm.	
A.	262 c.		
A.	62.	Jersey.	
A.	1477.	Bouley Bay.	
F.	2018.	Partie orientale de Guernesey.	
F.	2019.	Partie occidentale de Jersey.	

CHEMISE N° 18.

Côtes septentrionales de France, du cap Fréhel à l'île d'Ouessant.

CHEMISE N° 19.

Côtes occidentales de France, d'Ouessant à Lorient.

CHEMISE N° 20.

Côtes occidentales de France, de Lorient à l'île d'Yeu.

CHEMISE N° 24.

Côtes occidentales de France, de l'île d'Yeu au pertuis de Maumusson.

———

———

CHEMISE N° 22.

Côtes occidentales de France,
du pertuis de Maumusson à la frontière d'Espagne.

CHEMISE N° 66.

Côtes Sud-Ouest d'Irlande,
du cap Clear à Liscanor Bay (rivière Shannon).

———

Numéros des Cartes.		Dates des corrections.
A. 2424.	Valentia to Cape Clear	
A. 2184.	S. W. Coast of Ireland. — Crookhaven	
A. 2552.	Dunmanus River	
A. 1840.	Bantry Bay	
A. 1838.	Bantry Bay, Upper Part	
A. 2495.	Kenmare River. — Sneem, Kilmakilloge and Ardgroom Harbours, Quoylach Bay	
A. 2125.	Valentia Island	
A. 1918.	Port Magee or South Entrance to Valentia Harbour .	
A. 2030.	Valentia Harbour	
A. 2679.	Kerryhead to Ballinskillig Bay	
A. 2844.	Dingle and Ventry Harbours	
A. 2790.	Blasket Sound and Islands. — Smerwick Harbour . .	
A. 2739.	Tralee and Brandon Bays	
A. 2254.	Tralee Bay to Liscanor Bay (River Shannon)	
A. 1819.	River Shannon, Sheet 1, to Carrigaholt	
A. 1547.	River Shannon, Sheet 2, to Scattery	
A. 1548.	River Shannon, Sheet 3, to Tarbert	
A. 1541.	River Shannon, Sheet 4, to Foynes	
A. 1549.	River Shannon, Sheet 5, to the Middle Ground . .	
A. 1539.	River Shannon, Sheet 6, to Scarlett Reach	
A. 1540.	River Shannon, Sheet 7, to Limerick	

———

CHEMISE N° 65.

Côte Sud-Est d'Irlande, de Dublin au cap Clear.

CHEMISE N° 63.

Côtes Ouest d'Angleterre,
de la baie de Caermarthen à Trevose Head (canal de Bristol).

Numéros des Cartes.		Dates des corrections.
A. 1179.	Bristol Channel, Outer Part.	
A. 1180.	Bristol Channel, Inner Part.	
A. 2682.	Bristol Channel, Nash Point to New Passage.	
A. 1165.	Tenby and Caldy Roads.	
A. 1156.	Laugharne and Caermathen Inlets.	
A. 1167.	Burry and Llanelly Inlet.	
A. 1161.	Swansea and Neath.	
A. 1183.	Nash Sands, Tusker and East Skarweather.	
A. 1182.	Cardiff or Penarth Roads.	
A. 1859.	King Road.	
A. 1157.	Bridgewater Port.	
A. 1181.	Linmouth, Porlock, Minehead, and Watchet. . . .	
A. 1158.	Ilfracombe Harbour.	
A. 1160.	Barnstaple and Bideford.	
A. 1178.	Padstow to the Bristol Channel.	
A. 36.	Lundy Island.	
A. 1686.	Padstow Bay.	
A. 2565.	Trevose Head to the Dodman.	

(Pour mémoire, voir la chemise n° 52, page 17.)

CHEMISE N° 52.

Côtes Sud d'Angleterre, des Sorlingues à Portland.

———

	Numéros des Cartes.		Dates des corrections.
A.	2565.	Trevose Head to the Dodman	
F.	71.	Iles Sorlingues	
A.	1987.	St Ives Bay	
A.	2345.	Penzance Bay	
A.	2447.	Lizard and adjacent Rocks	
A.	2473.	Manacle, Runnelstone and Longships Rocks . . .	
A.	147.	Helford River	
A.	32.	Falmouth Harbour	
A.	25.	Dodman to Start Point	
F.	68.	Port Fowey	
A.	1914.	Looe Harbour	
A.	30.	Plymouth Sound and Hamoaze	
A.	28.	Salcombe River	
A.	2620.	Start Point to Portland	
A.	2253.	Dartmouth Harbour	
A.	26.	Torbay	
A.	2213.	Teignmouth	
A.	2290.	Exmouth Harbour	

CHEMISE N° 53.

Côtes Sud d'Angleterre, de Portland aux Dunes.

Numéros des Cartes.		Dates des corrections.
A. 2450.	Portland to Portsmouth.	
A. 2615.	Portland to St Alban's Head.	
A. 2255.	Bill of Portland, Portland Roads, and Weymouth to White Nore.	
A. 2175.	Poole Harbour.	
A. 2045.	Owers to Christchurch (Spithead and Isle of Wight).	
A. 2219.	Needles.	
A. 1784.	South Yarmouth.	
A. 2793.	Cowes Harbour.	
A. 2451.	Portsmouth to Beachy Head.	
A. 13.	River Arun Entrance.	
A. 12.	Shoreham Harbour.	
A. 2154	Newhaven.	
A. 2452.	Beachy Head to Dungeness.	
A. 1895.	Dover Strait.	
A. 1991.	Folkstone Harbour.	
A. 1698.	Dover Bay.	
A. 1828.	The Downs.	

CHEMISE N° 54.

Côtes Est d'Angleterre, de la Tamise au cap Flamborough.

CHEMISE N° 55.

Côtes Est d'Angleterre et d'Écosse, du cap Flamborough au Firth of Tay.

Numéros des Cartes.		Dates des corrections
F. 1855.	Côtes orientales d'Angleterre et d'Écosse, de Yarmouth à Peterhead..	
	(Pour mémoire, voir la chemise n° 54.)	
A. 1191.	Flamborough Head to the Tees..	
A. 1720.	Filey Bay.	
A. 1624.	Scarborough..	
A. 1192.	Tees to Blyth.	
A. 2567.	Tees Bay.	
A. 1628.	Hartlepool Bay..	
A. 1625.	Seaham Harbour..	
A. 1627.	Sunderland Port.	
A. 1934.	Tyne River.	
A. 1626.	Blyth Port..	
A. 1193.	Blyth to Eyemouth..	
A. 1721.	Coquet Road and Channel.	
A. 1632.	North Sunderland Harbour.	
A. 111.	Farn Islands to Berwick..	
A. 112.	Holy Island Harbour.	
F. 1237.	Berwick..	
A. 1407.	Eyemouth to the Tay (Frith of Forth).	
A. 114a.	St Abbs Head to Edinburgh.	
A. 114b.	Fisherrow to Queensferry.	
A. 114c.	Queensferry to Stirling.	
A. 1481.	Tay River..	

CHEMISE N° 56.

Côte Est d'Écosse, de la Tay au cap Wrath.

Numéros des Cartes.		Dates des corrections.
F. 1855.	Côtes orientales d'Angleterre et d'Écosse, de Yarmouth à Peterhead..........................	
	(Pour mémoire. Voir la chemise n° 54.)	
A. 1408.	Tay to Aberdeen........................	
A. 1445.	Arbroath Harbour.........................	
F. 1219.	Montrose...............................	
A. 1443.	Stonehaven and Johnshaven...............	
A. 1409.	Aberdeen to Banff.......................	
A. 1446.	Aberdeen Harbour. — River Ythan.........	
F. 1233.	Baie de Peterhead......................	1861
A. 1439.	Fraserburgh............................	
F. 1236.	Banff et Macduff.......................	
A. 1823.	Banff to the Ord of Caithness..........	
A. 1451.	The Frith of Inverness and Beauly Basin.	
A. 2167.	Cromarty Frith.........................	
A. 2170.	Dornock Frith..........................	
A. 2181.	Ord of Caithness to Thurso Bay.........	
A. 2550.	Wick Port and Vicinity.................	
A. 2162.	Pentland Frith.........................	
A. 1954.	Thurso to Cape Wrath...................	
A. 1783.	Thurso Bay (Scrabster and Dunnet Roads)	
A. 2076.	Loch Eriboll..........................	

CHEMISE N° 57.

Orcades, Shetland et Féroë.

<table>
<tr><td>Numéros
des Cartes.</td><td></td><td>Dates
des corrections.</td></tr>
<tr><td>A. 2180.</td><td>Orkneys..</td><td></td></tr>
<tr><td>A. 2581.</td><td>Long Hope Sound and Widewall Bay.</td><td></td></tr>
<tr><td>A. 2568.</td><td>Hoy Sound.</td><td></td></tr>
<tr><td>A. 2583.</td><td>Deer Sound and Inganess Bay.</td><td></td></tr>
<tr><td>A. 2584.</td><td>Approaches to Kirkwall.</td><td></td></tr>
<tr><td>A. 2582.</td><td>Picrowall Road..</td><td></td></tr>
<tr><td>A. 2569.</td><td>North Ronaldsha Firth.</td><td></td></tr>
<tr><td>A. 2622.</td><td>Fair Isle.</td><td></td></tr>
<tr><td>F. 1136.</td><td>Iles Shetland..</td><td></td></tr>
<tr><td>F. 1137.</td><td>Balta Sound. — Bressa Sound ou Lerwick Harbour. —
Hellswick ou Uric Firth. — Entrée de Scalloway.</td><td></td></tr>
<tr><td>F.   11.</td><td>Iles Féroë.</td><td></td></tr>
<tr><td>F. 1835.</td><td>Baie de Thorshaven (îles Féroë)..</td><td></td></tr>
<tr><td>F. 1112.</td><td>Banc au S. O. des Féroë.</td><td></td></tr>
</table>

CHEMISE N° 68.

Côtes de la mer du Nord, d'Ostende à l'entrée de la mer Baltique.

Numéros
des Cartes.   Dates
des corrections.

F. 1760.   Mer du Nord, partie méridionale. . . . . . .

     (Pour mémoire, voir la chemise n° 1.)

F. 35.
F. 36.   Côte des Pays-Bas, d'Ostende à Hellevoetsluis . . . .

A. 119.   Ostende. . . . .

A. 120.   Schelde Entrance to Gorishoek, and from Borselen to the Waerden Channel. . . . .

A. 2713.   Waerden Channel to Antwerp. . . . . . .

A. 122.   East Schelde. . . . .

F. 37.
F. 38.
F. 39.   Cours du Hont ou Wester-Schelde (Escaut occidental d'Anvers à l'embouchure). . . . .

A. 1716.   Mouths of the Maas. . . . .

A. 2322.   Zuider Zee. . . . .

A. 124.   Texel. . . . .

A. 2593.   Ems River. . . . .

A. 1887.   Helgoland Bight. . . . .

F. 32.   La Jahde et embouchure du Weser. . . . . . .

A. 1875.   Elbe River Entrance to Hamburg. . . . .

A. 126.   Helgoland Island. . . . .

CHEMISE N° 69.

Entrée de la Baltique,
et côtes de Norvége jusqu'aux îles Lofoden.

<table>
<tr><td colspan="2" align="center">Numéros
des Cartes.</td><td></td><td align="right">Dates
des corrections.</td></tr>
<tr><td>A.</td><td>2262.</td><td>Baltic Sea. . . . .</td><td></td></tr>
<tr><td>A.</td><td>2842a.</td><td>Baltic Sea, Sheet 1. . . . .</td><td></td></tr>
<tr><td>A.</td><td>2289.</td><td>The Skagerrack or Sleeve. — Torungen Islands. . . .</td><td></td></tr>
<tr><td>F.</td><td>1514.</td><td>Le Cattégat. . . . .</td><td></td></tr>
<tr><td>A.</td><td>2325.</td><td>Lymfiord. . . . .</td><td></td></tr>
<tr><td>F.</td><td>1543.</td><td>Partie occidentale de la mer Baltique jusqu'à l'île
d'Oland. . . . .</td><td></td></tr>
<tr><td>F.</td><td>1816.</td><td>Grand Belt, partie Nord. . . . .</td><td></td></tr>
<tr><td>F.</td><td>1817.</td><td>Grand Belt, partie Sud. . . . .</td><td></td></tr>
<tr><td>F.</td><td>1815.</td><td>Petit Belt. . . . .</td><td></td></tr>
<tr><td>A.</td><td>2117.</td><td>Kiel Bay. . . . .</td><td></td></tr>
<tr><td>F.</td><td>1153.</td><td>Le Sund. . . . .</td><td></td></tr>
<tr><td>A.</td><td>2346.</td><td>Winga Sound, or Gotheborg Skärgard. . . . . . .</td><td></td></tr>
<tr><td>A.</td><td>129.</td><td>Paternosters and Passages to Klädesholm and Mars-
trand. — Salo Sound. . . . .</td><td></td></tr>
<tr><td>A.</td><td>2330.</td><td>From the Svenöer to Koster Islands (Christiania Fiord).</td><td></td></tr>
<tr><td>A.</td><td>2329.</td><td>Sandö to Svenöer. . . . .</td><td></td></tr>
<tr><td>A.</td><td>2328.</td><td>Christiansand to Sandö, Torungen Island. . . . . .</td><td></td></tr>
<tr><td>A.</td><td>2260.</td><td>Songvaar, Christiansand, and Manne Fiords, and En-
trances to Svinör. . . . .</td><td></td></tr>
<tr><td>A.</td><td>2327.</td><td>The Naze to Christiansand. . . . .</td><td></td></tr>
<tr><td>A.</td><td>2281.</td><td>Naze to Karmö. . . . .</td><td></td></tr>
<tr><td>A.</td><td>2304.</td><td>Karmö to the Sogne Soen. . . . .</td><td></td></tr>
<tr><td>A.</td><td>2305.</td><td>Sogne Soen to Romdals Islands. . . . .</td><td></td></tr>
<tr><td>A.</td><td>2306.</td><td>Romdals Islands to Hitteren Island. . . . .</td><td></td></tr>
<tr><td>A.</td><td>2307.</td><td>Smöelen Island to Svee Fiord. . . . .</td><td></td></tr>
<tr><td>A.</td><td>2308.</td><td>Brand Fiord to Lekö. . . . .</td><td></td></tr>
<tr><td>A.</td><td>2309.</td><td>Lekö to Donnæsö. . . . .</td><td></td></tr>
<tr><td>A.</td><td>2310.</td><td>Donnæsö to Fleina. . . . .</td><td></td></tr>
<tr><td>A.</td><td>2311.</td><td>Fleina to Vest Fiord and the Lofoten Islands. . . . .</td><td></td></tr>
</table>

CHEMISE N° 7.

Côtes d'Espagne et de Portugal sur l'océan Atlantique.

———

CHEMISE N° 8.

Détroit de Gibraltar; côtes d'Espagne sur la Méditerranée; îles Baléares.

Numéros des Cartes.		Dates des corrections.
F. 1006.	Bassin Ouest de la Méditerranée compris entre Gibraltar et la Sardaigne..	
F. 1843.	Entrée de la Méditerranée..	
F. 1809.	Détroit de Gibraltar.	
F. 1619.	Tarifa.	
F. 1743.	Baie d'Algésiras.	
A. 524.	Gibraltar, New Mole.	
F. 1701.	Tanger.	
F. 1723.	Ceuta.	
F. 1188.	Malaga..	
F. 213.	Carthagène..	
F. 215.	Côte d'Espagne du cap Palos au cap de Creux et îles Baléares..	
F. 216.	Alicante..	
A. 1187.	Alicante to Palamos, Balearic Islands..	
F. 219.	Peñiscola, Fangal et Alfaques.	
F. 220.	Tarragone et Barcelone..	1864
F. 1248.	Côte d'Espagne, du cap de Creux aux îles des Mèdes.	
F. 1169.	Roses..	
F. 1189.	Ivice..	
F. 224.	Palme et autres ports de Mayorque..	
A. 148.	Port Mahon..	

CHEMISE Nº 9.

Côtes méridionales de France.

<table>
<tr><td>Numéros
des Cartes.</td><td></td><td>Dates
des corrections.</td></tr>
</table>

F. 1006. Bassin Ouest de la Méditerranée, compris entre Gibraltar et la Sardaigne. . . . .
(Pour mémoire, voir la chemise nº 8.)

F. 1303. Atterrages des côtes méridionales de France.

F. 1244. Du cap Saint-Sébastien au cap Couronne.

F. 1245. Du cap Couronne à Villefranche. .

F. 1218. Du cap de Creux à Canet. . . .

F. 1043. Port-Vendres. . . . .

F. 1134. Du cap d'Agde à Maguelonne. .

F. 1123. Cette. . . . .

F. 1117. De Maguelonne aux Saintes-Maries. . . .

F. 1118. Des Saintes-Maries aux embouchures du Rhône. . .

F. 1119. Des embouchures du Rhône au cap Méjean. . .

F. 1183. Du cap Couronne au Bec-de-l'Aigle. . . 1863

F. 1042. Marseille et ses environs. 1863

F. 979. Du Bec-de-l'Aigle à la presqu'île de Gien. . . .

F. 952. Rade de Toulon. 1865

F. 980. De la presqu'île de Gien au cap Camarat. . . . .

F. 1041. Du cap Lardier au cap Roux. . . .

F. 1120. Du cap Roux au Var. . . . . . .

F. 1008. Rade de Cannes et golfe de Jouan. . . . .

F. 1168. D'Antibes à Monaco. . . . .

F. 1135. Rade de Villefranche et port de Nice. . . . .

CHEMISE N° 10.

Côtes d'Italie, Corse et Sardaigne.

Numéros des Cartes.		Date des corrections.
F. 1865.	Golfe de Gênes, des îles d'Hyères au canal de Piombino.	
F. 1714.	Port de Gênes et ses environs.	
F. 1215.	La Spezia.	
F. 232.	Ile de Corse.	
F. 253.	Golfe de Saint-Florent.	
F. 249.	Golfes de Calvi et de Revellata.	
F. 238.	Du golfe de Sagone aux bouches de Bonifacio.	
F. 242.	Mouillages du golfe d'Ajaccio.	1859
F. 233.	Bouches de Bonifacio.	
F. 260.	Golfe de Porto-Vecchio.	
F. 917.	Golfe d'Asinara.	
F. 236.	Port Palma et rade d'Agincourt.	
F. 1124.	Côte Sud de Sardaigne.	
F. 1031.	Saint-Pierre.	
F. 1066.	Baie de Palmas.	
F. 1126.	Rade de Cagliari.	
F. 2122.	Du canal de Piombino au golfe de Naples, et côtes orientales de Corse et de Sardaigne.	
F. 2021.	Bassin compris entre la Sardaigne, l'Italie et la Sicile.	

CHEMISE N° 11.

Sicile et côte Nord d'Afrique du cap Bon au détroit de Gibraltar.

—

Numéros des Cartes.		Dates des corrections.
F. 1006.	Bassin Ouest de la Méditerranée, du détroit de Gibraltar à la Sardaigne. . . . . (Pour mémoire, voir la chemise n° 8.)	
A. 165.	Sicily Islands.	
F. 838.	Côtes d'Algérie, de la Galite à Alger.	
F. 821.	Atterrages de Bone.	
F. 792.	Golfes de Stora et Collo.	
F. 796.	Golfe de Bougie.	
F. 841.	Côtes d'Algérie, d'Alger aux îles Zafarines.	1861
F. 853.	Atterrages d'Alger	
F. 1143.	Port d'Alger.	
F. 820.	Atterrages d'Arzeu et d'Oran.	
F. 731.	Baie d'Oran et mouillage de Mers-el-Kébir.	
F. 1711.	Côte Nord du Maroc.	
F. 1700.	Tétouan.	1861

CHEMISE N° 12.

Côtes occidentales d'Afrique, du détroit de Gibraltar à Gorée; îles Canaries, du cap Verd, Madère et Açores.

<table>
<tr><td colspan="3" align="center">Numéros
des Cartes.</td><td align="right">Dates
des corrections.</td></tr>
<tr><td>A.</td><td>1226.</td><td>Gibraltar Strait to the river Gambia, etc.</td><td></td></tr>
<tr><td>F.</td><td>1836.</td><td>Du détroit de Gibraltar au cap Bojador</td><td></td></tr>
<tr><td>F.</td><td>1165.</td><td>Du détroit de Gibraltar au cap Ghir.</td><td></td></tr>
<tr><td>F.</td><td>1710.</td><td>Larache.</td><td></td></tr>
<tr><td>F.</td><td>1510.</td><td>Rabat et Salé</td><td></td></tr>
<tr><td>F.</td><td>1506.</td><td>Dar-el-Beidar ou Casa-Blanca.</td><td></td></tr>
<tr><td>F.</td><td>1507.</td><td>Mazaghan</td><td></td></tr>
<tr><td>F.</td><td>1508.</td><td>Safi.</td><td></td></tr>
<tr><td>F.</td><td>1511.</td><td>Mogador.</td><td></td></tr>
<tr><td>F.</td><td>1509.</td><td>Agadir ou Santa-Cruz.</td><td></td></tr>
<tr><td>F.</td><td>1196.</td><td>Du cap Ghir au cap Bojador et îles Canaries</td><td>1860</td></tr>
<tr><td>F.</td><td>294.</td><td>Rade de Santa-Cruz (Ténériffe).</td><td>1858</td></tr>
<tr><td>F.</td><td>1047.</td><td>Baie de Palmas (Grande-Canarie).</td><td></td></tr>
<tr><td>F.</td><td>296.</td><td>Du cap Bojador au cap Blanc.</td><td></td></tr>
<tr><td>F.</td><td>297.</td><td>Du cap Blanc au cap Verd.</td><td></td></tr>
<tr><td>F.</td><td>1706.</td><td>Du Sénégal au cap Roxo.</td><td></td></tr>
<tr><td>F.</td><td>1049.</td><td>Atterrages et mouillages de Saint-Louis</td><td></td></tr>
<tr><td>F.</td><td>1295.</td><td>Mouillage de Saint-Louis.</td><td></td></tr>
<tr><td>F.</td><td>300.</td><td>Rade de Gorée.</td><td></td></tr>
<tr><td>F.</td><td>298.</td><td>Iles du cap Verd.</td><td></td></tr>
<tr><td>A.</td><td>1831.</td><td>Madeira Island.</td><td></td></tr>
<tr><td>A.</td><td>1689.</td><td>Funchal Bay.</td><td></td></tr>
<tr><td>F.</td><td>1266.</td><td>Iles Açores.</td><td></td></tr>
<tr><td>A.</td><td>1940.</td><td>Fayal Channel.</td><td></td></tr>
</table>

Ouvrages, Instructions nautiques, etc.

(Les ouvrages marqués d'un astérisque ne seront délivrés que sur la demande des Commandants.)

———

Vues.

Atlas des vues prises sur les principaux dangers des côtes septentrionales de France.

Atlas des vues prises sur les principaux dangers des côtes occidentales de France.

Astronomie, Géodésie, Hydrographie.

Guide du marin.

102. La Latitude par les hauteurs hors du méridien, etc. *Pagel.*

358. Formule générale pour trouver la latitude et la longitude par les hauteurs hors du méridien. *Pagel.*

*Tables d'angles horaires. *Hommey.*

*Principales tables de Mendoza.

*Notice sur les principales tables de Mendoza.

*Construction théorique et usage de l'horizon à fluide.

*Études sur les causes perturbatrices de la marche des chronomètres.

*Double planisphère orthodromique.

Atlas orthodromique.

7. Méthode pour la levée et la construction des cartes et plans hydrographiques. *Beautemps-Beaupré.*

60. Traité de géodésie à l'usage des marins. *Bégat.*

49. Mémoire sur divers moyens de se procurer une base.

295. Note sur l'évaluation des distances en mer.

387. Instructions pour le micromètre Lugeol.

251. Note sur un sondeur pour les grands fonds employé à bord du Phare.

Physique du globe, Vents, Courants, Routes, etc.

Numéros
des ouvrages.

134. Notes diverses relatives à l'hydrographie et à la physique du globe.

370. Météorologie nautique. Vents et courants, routes générales d'après *Maury*.

263. Résumé de la partie physique et descriptive des *Sailing Directions*, de *Maury*.

241. Explication et usage des *Winds and Currents Charts*, de *Maury*.

247. Instructions générales pour naviguer dans les différents océans (*Maury*).

193. Considérations sur l'océan Atlantique.

Exposé du système des vents, par Lartigue (à délivrer jusqu'à ce que l'approvisionnement soit épuisé).

Essai sur les ouragans et les tempêtes, par *Lartigue* (à délivrer jusqu'à ce que l'approvisionnement soit épuisé).

174. Observations sur les tempêtes tournantes, par *Hommey*.

176. Mémoire sur les ouragans de la mer des Indes, au Sud de l'équateur, par *Lefebvre*.

326. Des Ouragans, tornados, typhons et tempêtes, par *Keller*.

330. Le Vrai Principe de la loi des ouragans, par *Sedgwick*.

383. La Loi des tempêtes, par *Dove*.

348. Table chronologique de 400 cyclones, par *Poey*.

Perturbations des Compas.

91. Notice sur les expériences relatives aux perturbations des compas, par *Darondeau*.

260. Notice sur les erreurs des compas aux attractions locales, par *Darondeau*.

362. Sur l'emploi du compas étalon et de la courbe des déviations.

(Il sera délivré annuellement, à titre de consommation, douze feuilles de la projection de Napier pour tracer les courbes des déviations.)

Ouvrages périodiques.

Numéros
des ouvrages.

Connaissances des temps.

Annuaires des marées.

*Mélanges hydrographiques.

*Annales hydrographiques.

Recherches chronométriques.

216. Phares. — Série A : côtes Nord d'Europe et mer Baltique.

217. Phares. — Série B : Iles Britanniques.

218. Phares. — Série C : côtes Nord et Ouest de France, et côtes Ouest d'Espagne et de Portugal.

219. Phares. — Série D : Méditerranée, mer Noire et mer d'Azof.

222. Phares. — Série G : côtes occidentales d'Afrique et iles éparses de l'océan Atlantique.

Les numéros récents des Annonces hydrographiques.

Catalogue chronologique des cartes, etc., de l'hydrographie française.

Catalogue géographique des cartes, etc., de l'hydrographie française.

Instructions nautiques.

203. Portulan des côtes de la Manche, du canal de Bristol et de la côte Sud d'Irlande. *Moulac.*

204. Exposé du régime des courants observés dans la Manche et la mer d'Allemagne. *Keller.*

41. Mémoire sur les courants de la Manche, de la mer d'Allemagne, du canal Saint-Georges, etc. *Monnier.*

75. Pilote français. — Instructions nautiques de Barfleur à Dunkerque. *Givry.*

80. Pilote français. — Instructions nautiques des Casquets à Barfleur. *Givry.*

146. Pilote français. — Instructions nautiques des Héaux de Bréhat au cap de la Hague. *Givry.*

307. Notice sur la carte des environs de Cherbourg (courants de flot et de jusant).

376.   Pilote de l'île Guernesey.

37.   Mémoire sur les atterrages des côtes occidentales de France.

354.   Guide du marin sur les côtes Nord d'Europe, du cap Gris-Nez à la mer Blanche.

271.   Le Pilote Norwégien.

200.   Le Pilote Danois.

273.   Le Pilote de la mer du Nord; îles Shetland, îles Orcades.

284.   Le Pilote de la mer du Nord; côtes Nord et Est d'Écosse.

302.   Le Pilote de la mer du Nord; côtes Est d'Angleterre.

382.   Le Pilote de la mer du Nord; la Tamise, la Medway, les côtes de la mer du Nord depuis le cap Gris-Nez jusqu'au cap Skagen.

96.   Description des côtes d'Espagne, depuis la frontière de France jusqu'à celle de Portugal.

378.   Routier de la côte Nord d'Espagne.

42.   Routier des côtes de Portugal.

259.   Manuel de la navigation dans le détroit de Gibraltar. *Dumoulin et de Kerhallet.*

268.   Description nautique des Açores. *De Kerhallet.*

Ouvrages divers.

Dictionnaire de marine à voiles. *De Bonnefoux et Páris.*

Dictionnaire de marine à vapeur. *De Bonnefoux et Páris.*

Catéchisme du mécanicien à vapeur. *Páris.*

Traité élémentaire des appareils à vapeur de navigation. *Ledieu.*

Traité de l'hélice propulsive. *Páris.*

86.   Essais sur les évolutions navales. *Chopart.*

Des Évolutions navales. *Jonquières.*

Manœuvrier complet, ou Traité des manœuvres de mer. *De Bonnefoux.*

*Études comparatives sur l'armement des vaisseaux en France et en Angleterre.

Principes du droit public maritime.

LISTE

DES

DEPOTS DES CARTES ANGLAISES A L'EXTÉRIEUR.

HAMBOURG.	Felby and Co.
	Campbell and Co.
GIBRALTAR.	Le bureau du capitaine de port.
MALTE.	id.
MALTE.	Muir.
SMYRNE.	Mitchell.
QUÉBEC.	Middleton and Dawson.
MIRAMICHI (nouveau Brunswick).	J. Mac Dougall.
CHATHAM (nouveau Brunswick).	H. Cunard.
CHARLOTTETOWN (île du Prince Édouard).	H. Stampers.
SIDNEY (île du cap Breton).	Brown.
GUT OF CANSO : Port MULGRAVE.	W. C. Heffernan.
GUT OF CANSO : PLAISTER COVE.	J. Mac Keen.
PICTOU (Nouvelle Écosse)	J. Patterson.
HALIFAX (Nouvelle Écosse).	MM. Mac Kenley.
NASSAU (Nouvelle-Providence).	HARVEY.
BUENOS-AYRES.	H. Moss.
VILLE DU CAP (cap de Bonne-Espérance).	Le bureau du capitaine de port.
Baie d'ALGOA.	id.
BOMBAY.	Le bureau du superintendant.
SINGAPOUR.	Campbell and Co.
HONG-KONG.	Douglas Lapraik.
BRISBANE (Australie).	Le bureau du capitaine de port.
SIDNEY (Australie).	Reading and Wellbank.
MELBOURNE (Australie).	J. Blundell and Co.
ADÉLAÏDE (Australie).	G. Trinklar, Trinity House.
	G. Wolds.
Port ADÉLAÏDE.	Le bureau de la Marine.
HOBARTOWN (Tasmanie).	Walch and Sons.
VICTORIA (île de Vancouver).	Hibben and Carwell.
AUCKLAND (Nouvelle-Zélande).	W. C. Wilson.
NELSON (Nouvelle-Zélande).	D. Rough.
PORT COOPER (Nouvelle-Zélande).	J. W. Hamilton.
WELLINGTON (Nouvelle-Zélande).	R. Stokes ; S. Karkeet.

Paris. — Typographie de Firmin Didot frères, imprimeurs de l'Institut et de la Marine, rue Jacob, 56.